LA DÉFENSE NATIONALE.

PARIS-SUR-OCÉAN.

LA DÉFENSE NATIONALE.

PARIS-SUR-OCÉAN

PAR

M. LE COMTE DE GARDANE.

PARIS

SAUTON, LIBRAIRE-ÉDITEUR

RUE DU BAC, 41.

—

1873.

PARIS-SUR-OCÉAN.

Les peuples, comme les individus, ont besoin, pour durer, d'une bonne constitution physique et d'une active vigilance sur eux-mêmes. Leur existence dépend en grande partie de leur configuration géographique, de leur situation, de leurs frontières. La Pologne en est un frappant exemple.

L'Angleterre, au milieu de son océan, peut défier tous les peuples ; la Russie, dans ses glaces, a pu braver et vaincre

Napoléon; à l'abri de ses montagnes, l'Espagne a défendu pendant plusieurs siècles son indépendance contre les Maures; l'Allemagne est protégée par d'immenses forêts et couverte par un grand fleuve; seule, parmi les grandes nations de l'Europe, la France est privée de défenses naturelles précisément du côté où elle en a le plus besoin, elle est ouverte où une agression soudaine est le plus à redouter.

C'est donc à l'art qu'elle doit demander aujourd'hui les défenses indispensables à un grand État qui lui manquent.

Charlemagne et Louis XIV ont été frappés de ce défaut dans la constitution de leur empire; défaut par lequel il était exposé à périr, et ils ont fait pour y remédier tout ce que leur temps permettait de faire.

Louis XIV s'est attaché à donner à la France un grand boulevard qui la protégeât au nord, et il fit dans ce but la conquête de l'Alsace et de la Lorraine.

Mais le grand roi et les hommes supérieurs de son siècle, Colbert, Vauban, jetèrent un regard plus profond encore dans l'avenir : ils comprirent que la mise en communication de la capitale avec l'Océan était nécessaire pour compléter la défense du pays, et Vauban chercha à réaliser cette grande pensée.

Malheureusement la science n'était pas assez avancée, et la fortune publique à cette époque n'était pas en rapport avec une si prodigieuse entreprise.

Et pourtant, au temps où cette patriotique pensée préoccupait si vivement ces grands esprits, la défense de la capitale de la France était loin d'avoir l'importance qu'elle a actuellement.

D'abord Paris était bien éloigné de ses frontières, on n'avançait pas vite dans ce temps-là; ensuite la France était alors une confédération d'États ayant chacun sa capitale. La perte de Paris était loin d'entraîner les conséquences désastreuses qu'elle entraîne de nos jours. La manière de faire la guerre aussi était différente, l'ennemi n'était maître que de ce qu'il détenait. Aujourd'hui la perte de la capitale amène forcément la soumission de tout le pays. Aussi est-ce à s'en emparer que tendent tous les efforts de l'ennemi. Si ces grands hommes, dans ces conditions et malgré la sécurité qu'apportaient l'Alsace et la Lorraine, n'étaient pas rassurés pour la France, s'ils regardaient au nord avec inquiétude et songeaient à ajouter une nouvelle défense en mettant Paris en communication avec la mer, que diraient-ils donc aujourd'hui que la France a perdu ses remparts, que l'ennemi a entre les mains les portes que Louis XIV nous avaient données ; que Paris, avec la rapidité des communications, n'est plus qu'à quelques heures des nouvelles frontières que nous a faites le sort le plus cruel de notre histoire, et que nous n'avons plus comme autrefois une multitude de petites capitales, qu'il n'y a plus qu'une seule tête : Paris ! que tout dépend de cette possession ! C'est là, en effet, que réside la pensée de ce grand corps politique qui s'appelle la France ; c'est de cette ville merveilleuse, objet de tant d'injustes haines et d'envies, que partent tous les mouvements de cette nation puissante. Cette tête est plus exposée qu'elle ne le fut jamais, l'importance de la protéger est donc devenue extrême.

Les deux invasions de 1814 et de 1815 avaient mis avec plus de force que jamais en évidence la nécessité de fortifier la capitale. Aussi le roi Louis-Philippe, cet esprit politique si éclairé qui sut porter en peu de temps la France au plus haut degré de prospérité, ne recula ni devant la dépense ni devant le sacrifice de sa popularité, pour mettre Paris et la France en état de résister aux coalitions futures, et, puissamment secondé par son premier ministre, M. Thiers, il éleva les fortifications devant lesquelles s'est arrêtée la marche victorieuse et s'est brisé l'orgueil de la Prusse.

Que fût-il advenu, après nos désastres, de cette France désemparée, sans cette œuvre nationale tant calomniée et qu'on avait essayé, pendant son règne, de couvrir d'impopularité ?

Gloire immortelle au roi patriote dont la haute prévoyance a sauvé l'honneur de la France, et a permis à Paris de s'illustrer par un siége qui a fait l'admiration du monde, et qui éternisera le nom français !

Mais aujourd'hui cette œuvre patriotique, hélas ! est elle-même impuissante.

On calculait que l'immense développement de ces murailles exigerait une armée
tellement considérable pour l'investir que
l'idée d'un siége de Paris devait être écar-
tée comme une entreprise chimérique. Eh
bien, les plus habiles prévisions se sont,
comme il arrive quelquefois, trouvées ici
en défaut ; ces obstacles jugés invincibles
à ce moment, la science, qui marche toujours, devait trouver moyen, à quelques
années de là, de les surmonter. Cette ville
gigantesque a pu être étroitement investie,
affamée et forcée de se rendre. On a vu,
pour la troisième fois, Paris tombé, la
France entière regarder toute résistance
comme inutile, renoncer à la lutte et se
soumettre aux lois du vainqueur.

Cependant la France doit chercher tous
les moyens d'assurer son indépendance,
car la première condition pour elle est
d'exister. Elle doit s'attacher à obvier à
ces frontières naturelles dont elle est pri-

vée, et à atténuer autant qu'il est en son pouvoir la perte irréparable qu'elle a faite de ces deux magnifiques et belliqueuses provinces, son boulevard contre les invasions du Nord. Aucun sacrifice n'est trop grand pour atteindre ce but.

Le problème qu'elle a à résoudre est donc celui-ci : augmenter ses forces, les mettre tout entières à sa disposition avec la plus grande promptitude possible; l'investissement de Paris ayant eu une conséquence fatale, trouver un moyen de communication avec la capitale que tous les efforts de l'ennemi ne puissent lui enlever.

Les moyens d'augmenter nos forces sont très-multiples et de plusieurs ordres, les uns physiques, les autres moraux.

Avant tout se place une forte éducation nationale, inspirant aux jeunes générations l'amour de Dieu, de la famille et de la patrie, développant les forces physiques par de vigoureux exercices, fortifiant à la fois les âmes et les corps. C'est ainsi qu'on aura un esprit public élevé, énergique, capable d'une résistance indomptable. Les armes les plus puissantes, les meilleures, ne serviront à rien entre les mains d'hommes n'ayant pas la volonté, le courage ni la force de s'en servir.

C'est en faisant une application plus large et plus vraie de la science, en donnant la plus vive et la plus intelligente impulsion aux grands travaux pour l'amélioration de son admirable sol, par l'endiguement de ses fleuves, de ses rivières, un vaste système d'irrigation, le perfectionnement de ses voies de communication fluviales et ferrées, qu'on augmentera la vraie richesse de la nation, suivant la maxime favorite de Sully, toujours juste : pâturage et labourage sont les vraies mamelles de l'État.

Mais n'oublions pas que, dans le duel qui nous a été si fatal, tandis que l'Allemagne

employait toutes ses forces, la France n'a
employé qu'une partie des siennes, que
sa vaillante marine n'a nullement pris part
à cette terrible lutte.

Eh bien, la France doit faire les plus
grands sacrifices pour que, dans toutes les
circonstances, sa marine puisse combattre.
Il est indispensable que ses deux bras
soient libres et puissent se porter mu-
tuellement secours. Il faut que sa capitale
ne puisse plus être affamée.

Parmi les moyens de protection de la
capitale, le plus puissant nous semble celui qui permettra à nos flottes de s'élancer
à sa défense.

Si, après Sedan, nos vaillantes escadres
de la Méditerranée ou de l'Océan avaient
pu voler au secours de Paris, les Prussiens
eussent-ils osé marcher en avant? Quel
spectacle que celui de nos flottes devant
Paris, électrisées et brûlant de venger notre
défaite et la France !

La marine française a, croyons-nous, un grand rôle à jouer dans l'avenir.

C'est en bloquant ses ports, en détruisant ses navires, en balayant son pavillon de toutes les mers, en l'obligeant à fuir, à se cacher, en ruinant son commerce, en paralysant son industrie, en l'atteignant dans sa richesse, qu'on inflige à l'orgueil de l'ennemi les coups les plus sensibles, les plus redoutables. Il importe donc d'être le maître de la mer.

Paris appuyé sur ses fortifications et en communication avec l'Océan est invincible.

C'est la France entière élevée de ce coup à une puissance offensive et défensive incalculables.

De cette ville immense où sont accumulées de si puissantes ressources de toute nature, où président tant d'activité et de génie, la France peut se jeter impétueusement sur son ennemi et frapper des coups foudroyants.

La grande communication de Paris à l'Océan s'impose donc à la France, comme un moyen de grandeur et de salut.

L'entreprise est colossale, mais la France est une grande nation. La dépense sera énorme, sans doute, mais elle n'est pas au-dessus de ses ressources. D'ailleurs là n'est pas la question, elle est indispensable à son existence, elle n'est pas impossible, cela suffit : il n'y a pas à hésiter.

Quand il s'agit de son indépendance, de sa dignité, de son honneur, une grande nation ne marchande pas, elle donne sans compter.

La France a jeté follement 1,300 millions au Mexique, elle a dépensé plus de 600 millions pour donner à l'Italie l'indépendance ; elle a dépensé plusieurs milliards pour faire des chemins de fer à la Russie, à l'Espagne, à l'Autriche, à l'Italie : n'eût-elle pas mieux fait de placer son argent chez elle, de l'employer à sa défense, au maintien de son indépendance à elle ?

Supposez qu'elle eût dépensé pour cet objet et pour réaliser les plans de Vauban un ou deux milliards : cet argent n'eût-il pas été sagement employé ?

Quel monument de puissance elle posséderait à cette heure !

La nation ne connaîtrait pas des malheurs inouïs, elle aurait conservé son prestige et accru sa grandeur. Elle ne donnerait pas à la Prusse 5 milliards qui nous appauvrissent et qui, diminuant le capital productif de notre agriculture, de notre commerce, de notre industrie, vont, par surcroît de malheur, affaiblir la production générale du pays, tandis qu'ils enrichiront la Prusse, augmenteront encore la puissance d'un habile et implacable ennemi, qui viendra, sur tous les marchés du monde et sur le nôtre, nous faire, avec l'or qu'il nous a ravi, une concurrence qui ne nous sera pas moins désastreuse que la guerre.

Comprenons enfin que nous ne pouvons compter que sur nous-mêmes. Et, instruits par les terribles leçons que nous avons reçues, réservons pour la France seule désormais cette noble pitié qu'on n'implore jamais en vain et qui nous a fait prodiguer à presque tous les peuples du globe notre or et notre sang.

Nous sommes à une heure critique de notre existence, mais notre destinée est encore dans nos mains : craignons qu'elle ne nous échappe !

Que nos résolutions soient à la hauteur du péril.

Nous ne devons reculer devant aucun sacrifice.

Paris port de mer est un sublime effort de patriotisme de la France. Ce n'est pas seulement au point de vue de l'indépendance du pays que l'œuvre est indispensable, c'est encore à celui de sa grandeur, de sa prospérité futures.

L'intime alliance de la France et de l'Angleterre est devenue, tout le monde le sent, une nécessité de leur existence réciproque, comme leur ardente rivalité en fut une de leur temps. Tout ce qui peut augmenter leurs rapports répond aux nécessités de cette situation. De Paris à Londres la route libre, c'est l'union des deux capitales et des deux nations, événement heureux pour elles, pour l'Europe, pour les autres peuples, pour l'humanité !

Rien n'est stable dans ce monde : le vieil équilibre européen est rompu, le monde gravite vers une nouvelle pondération des États : l'Italie est visiblement entraînée dans le tourbillon de la Prusse, leur alliance est dans la force des choses, comme celle de la France et de l'Angleterre.

Les hommes qui savent observer ne s'y trompent pas. Une grande révolution se prépare. On sait les changements extraordinaires qu'a apportés parmi les nations la découverte de la route par le cap de Bonne-Espérance. Eh bien, un grand fait dont les conséquences peuvent être aussi considérables s'est accompli : comme au quinzième siècle, une nouvelle route va changer la face du monde : le canal de Suez a singulièrement rapproché l'active Europe de la riche Asie, et le percement du mont Cenis rend l'Allemagne, la plus ambitieuse des nations, maîtresse de la route abrégée de l'Inde. L'Italie a besoin, pour recueillir les bénéfices que lui crée cette situation, de tout ce qui lui manque encore, et que l'Allemagne, grâce à des guerres heureuses, possède abondamment : une grande force matérielle, la richesse, l'esprit d'entreprise que surexcitent les succès croissants : elle sera donc forcément la vassale ou, si l'on veut, le facteur de la Prusse : c'est là son rôle obligé, celui qu'elle acceptera. L'Angleterre, considérablement distancée aux Indes par l'Allemagne, c'est le rêve de Napoléon réalisé par le prince de Bismarck ou par un autre, mais enfin tôt ou tard réalisé, de ce grand empire frappé dans ses œuvres vives; mais c'est aussi, pour la France, ses propres ports de la Méditerranée dépossédés d'une grande partie de leur commerce au profit des ports italiens-allemands, et la reine de la Méditerranée, l'antique Marseille, perdant sa riche couronne. C'est par l'Adriatique principalement que se fera à l'avenir le commerce de l'Inde et de l'Orient, dont Trieste, Venise et Gênes seront les grands entrepôts. C'est là la seconde partie redoutable qui se noue, celle que la guerre a eu pour but de faciliter, et qui amènerait pour la France, si elle se laissait encore surpendre, des résultats irréparables.

Qui pourrait, à l'heure présente, calculer la portée de ce fait, que l'Allemagne victorieuse, emportée dans son élan, est maîtresse de la plus courte route des Indes ? qui pourrait en déduire les conséquences politiques et commerciales ?

La France et l'Angleterre sont unies par un immense intérêt commun, en face d'un immense péril. L'écrasement qu'elle a laissé faire de la France, son indispensable alliée, est une faute qui étonne de la part d'une nation si politique que l'Angleterre, peut-être une des plus grandes fautes qu'elle ait jamais commises.

L'Angleterre s'est fort enrichie. Mais nous doutons que la poursuite exclusive de la richesse ait été une saine politique. Un grand État ne doit pas se diriger activement par des calculs de négociants. Que sont devenus cet orgueil inflexible de la vieille Angleterre, son immense influence ?

Le transit par la France lui permettra

d'atténuer dans une certaine mesure, mais non de conjurer entièrement les dangers qui menacent dans un prochain avenir sa prépondérance en Orient et son vaste empire des Indes. Paris-sur-Océan est donc presque autant dans les intérêts anglais que dans les intérêts français.

La capitale sur l'Océan, c'est la France elle-même montrant partout sa tête puissante, et, partout, pouvant faire sentir la force de son bras. Paris deviendra le centre du plus grand commerce de l'univers ; son activité augmentera dans une proportion incalculable ; sa population atteindra en peu de temps, si elle ne dépasse, celle de Londres, et Rouen sera dans ses faubourgs.

Ce sera toute une révolution économique, produite par le bon marché du transport dans la capitale des objets de première nécessité : du blé, du vin, de la viande, du fer, de la houille, des matières premières, dont profitera Paris et avec lui la France entière.

Ce fait aura pour conséquence le développement infiniment plus actif de la fabrique nationale, de sa production générale, et une augmentation correspondante de la richesse publique et particulière de la nation.

L'accroissement de la population aura une autre conséquence immédiate : la plus-value énorme des capitaux parisiens, des maisons et des terrains sur une immense étendue.

Au point de vue politique, le changement que cette œuvre apportera dans l'esprit et les mœurs des habitants de la capitale ne sera pas moins considérable. La vue de ces navires arrivant de tous les points du globe, les pensées que provoquent le mouvement, l'activité incessante d'un vaste commerce, la facilité d'émigration et de voyage, toutes ces choses feront une utile diversion à la politique, favoriseront le goût des entreprises commerciales et industrielles, l'amour de la paix qui leur est indispensable, et seront des gages plus certains pour l'ordre et la sécurité que toutes les lois que l'on pourra faire et les précautions militaires les plus habiles. De tels changements ne peuvent avoir lieu dans la capitale d'une nation sans que l'esprit public en soit profondément modifié.

Paris y perdra peut-être de son élégance et de sa frivolité, mais il y gagnera en science, en richesse, en stabilité. Par ses rapports infiniment plus étendus et plus actifs avec l'Angleterre, et sa communication largement ouverte avec tous les peuples, il acquerra cette grande instruction pratique que rien ne remplace et qui lui a trop fait défaut, et quelque chose du génie audacieux et entreprenant de la grande nation britannique.

On ne pourra pas objecter que cette œuvre est impraticable : ce n'est pas à une époque où la science a surmonté de bien autres difficultés, quand la parole humaine vole sur les ailes de la foudre d'une extrémité du globe à l'autre, quand le mont Cenis est percé, quand le problème de Suez est résolu, qu'une pareille objection serait sérieuse.

Il n'y aurait qu'un obstacle : la dépense.

Mais s'il est un cas où une grande et fière nation ne doit plus calculer la dépense, c'est quand il s'agit de son honneur et de son indépendance.

Pour l'exécution de cet immense travail sont réunis sur les lieux mêmes, à un degré de puissance extraordinaire, tous les moyens d'action : le savoir, les capitaux, les machines, les ouvriers, toutes les ressources enfin, tout ce que, pour les autres entreprises, il a fallu aller chercher au loin et à grands frais.

Il complétera glorieusement l'œuvre gigantesque des fortifications de la capitale, déclarées, elles aussi, impraticables, et rendra à la France sa sécurité en lui donnant une force d'action énorme, la rendant presque invincible par l'action combinée et simultanée de ses forces de terre et de mer, et une capitale imprenable.

Cette vaste entreprise aura un autre côté digne de sérieuses considérations dans ce moment où la fortune de la guerre fait prendre à nos capitaux la route de Berlin : elle sollicitera vivement les capitaux de l'Europe et retiendra chez nous ceux que des entreprises étrangères pourraient tenter d'en sortir.

Toutes les nations comprenant l'importance d'une situation maritime, c'est à la mer que convergent toutes les voies nouvelles comme à la route libre de la fortune.

Ne perdons pas un instant ; profitons des avantages que nous donne notre position, et des moyens que la Providence nous a réservés pour nous relever.

Si la pensée du grand règne eût été réalisée, la France n'eût probablement jamais perdu les colonies qui faisaient en partie sa force, en faisant vivre ses ports, un monde d'ouvriers, de commerçants, de matelots ; elle se serait attachée, au lieu de les abandonner, à les conserver, à les étendre, et elle l'aurait pu ; elle aurait conservé ce grand mouvement avec le dehors ; sa politique eût été plus sérieuse, plus pratique son esprit, plus viriles ses habitudes, plus libre et plus audacieux son génie.

Napoléon, dit-on, y avait rêvé. Plût à Dieu qu'il eût occupé son génie à cette œuvre qui était digne de lui, et qu'elle l'eût détourné de guerres qui devaient nous être si fatales ! Il eût acquis des titres impérissables à la reconnaissance de la France; lui qui ne vivait que pour la postérité, il eût laissé un monument de gloire plus durable que le bronze sur lequel sont burinées ses victoires.

La Restauration, quand la France fut un peu rétablie, reprit le projet de Louis XIV et de Vauban (la commission comptait parmi ses membres les noms de Dupin et de Berryer), mais la révolution de 1830 arrêta ce mouvement et changea le cours des idées : l'heure irrésistible des chemins de fer était venue.

Néanmoins il est permis de croire que sans la révolution imprévue qui renversa en 1848 le gouvernement le plus libre que la France ait eu, cette grande entreprise, qui est le complément nécessaire des fortifications de Paris, eût été réalisée.

Il y a quelques années, un ingénieur du plus grand mérite, dont la compétence est indiscutable, M. Aristide Dumont, a repris, avec la plus louable énergie, cette grande pensée ; il a recommencé les études et a annoncé l'intention patriotique de ne plus les interrompre qu'il ne soit arrivé au but. Ceux qui veulent se rendre un compte technique de l'œuvre devront recourir à l'important travail qu'il a publié chez Dunod.

La situation de Londres a fait la grandeur de l'Angleterre.

Le patriotisme et la science peuvent doter Paris, la France, d'un semblable avantage : hésiterons-nous ?

En résumé, notre puissance est amoindrie, notre existence même est menacée.

Paris-sur-Océan, c'est la création d'un instrument de puissance et de richesse sans égal pour notre pays, et qui fera de lui un corps dont la vie à l'intérieur et au dehors circulera plus librement, plus rapidement, une France beaucoup plus parfaite.

Malheur à nous si, de cette catastrophe,

notre patriotisme n'a la vertu de faire surgir quelque chose de plus prodigieux que nos malheurs, qui réponde aux menaces de l'avenir, et qui témoigne de notre indomptable volonté de maintenir parmi les nations notre indépendance et notre vieille gloire !

Aujourd'hui, quelques jours suffisent pour décider de la destinée d'une nation et la détruire.

Paris-sur-Océan sera un monument digne de la France, digne de la République, de son sage président, la réponse à ceux qui vont partout proclamant notre déchéance.

Ayons toujours devant les yeux, mettons toujours sous ceux de nos enfants la patrie démembrée, l'Alsace et la Lorraine, et, par un effort de notre patriotisme, faisons disparaître ce défaut capital dans notre organisation, cette cause de faiblesse qui a eu une si grande influence sur notre destinée, qui paralyse nos forces et arrête notre élan. Il faut mettre hors d'atteinte cette précieuse tête de la France, ce Paris qui est sa gloire parmi les nations, dont tous les hommes illustres de l'univers ont été tour à tour les hôtes, qui a fait à tous aimer la France, qui a laissé à tous des regrets, cette ville unique où rêve de revenir quiconque est une fois venu, que tous les peuples nous envient, et qui projette un si vif éclat !

Paris. — Typographie Georges Chamerot, rue des Saints-Pères, 19.